L. LEX

L'Abbaye de Maugouvert de Mâcon

(1581-1625)

MACON
IMPRIMERIE GÉNÉRALE, X. PERROUX ET Cie
1897

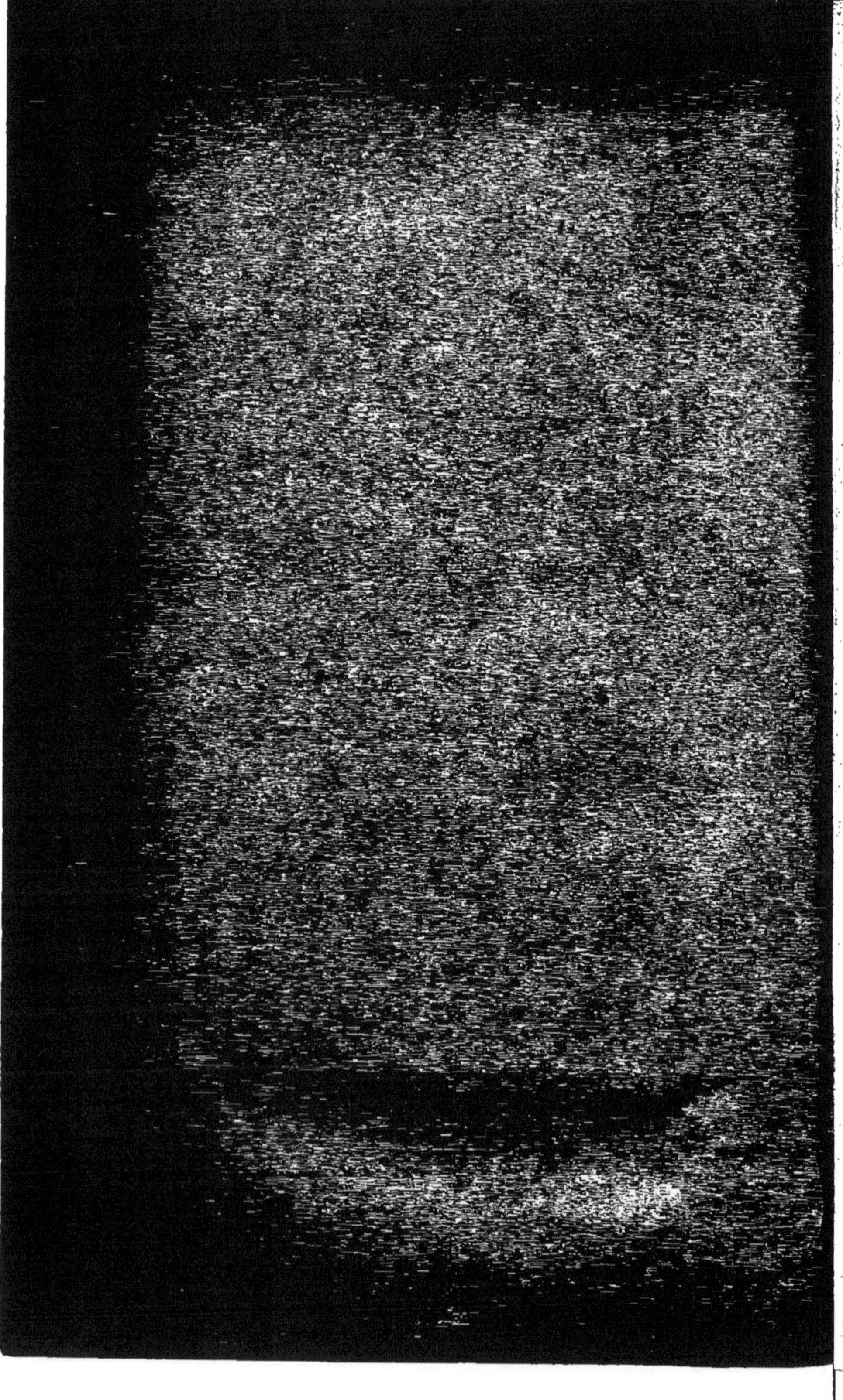

L. LEX

L'Abbaye de Maugouvert de Mâcon

(1581-1625)

MACON
IMPRIMERIE GÉNÉRALE, X. PERROUX ET Cie

1897

INTRODUCTION

Dans la plupart des villes, bourgs et villages des provinces du sud-est de la France (1), — Provence, Comtat, Languedoc, Vivarais, Dauphiné, — il y avait autrefois des sociétés de jeunes gens, — garçons et même filles, — connues sous le nom d'*abbayes, Joyeuses, abbayes de la Jeunesse, abbayes de la Folie,*

(1) On en a signalé : dans le département de l'Ardèche, à La Voulte ; dans le département des Basses-Alpes, à Barcelonnette, à Forcalquier et à Jausiers ; dans le département des Hautes-Alpes, à La Bâtie-Vieille, à Embrun, à Gap et à Serres ; dans le département des Alpes-Maritimes, à Cagnes ; dans le département des Bouches-du-Rhône, à Aix, à Marseille et à Trets ; dans le département de la Drôme, à Charpey, à Die, à Dieulefit, à Hauterives, à Laborel, à Montélimar, à Nyons, à Pierrelatte, à La Roche-sur-le-Buis, à Romans, à Saint-Nazaire-en-Royans et à Valence ; dans le département du Gard, à Aigues-Mortes et à Beaucaire ; dans le département de l'Isère, à Beaurepaire, à Grenoble, à Rives et à Vienne ; dans le département du Var, à Aups, à La Cadière, à Draguignan, à Pignans, à Saint-Tropez et à Signes ; dans le département de Vaucluse, à Bédarrides, à Bollène, à Goult, à Malaucène, à Orange, à La Palud et à Piolenc ; etc.

Celle de Mâcon paraît avoir été la plus septentrionale.

Peut-être Cluny avait-il aussi la sienne. On lit, en effet, dans une description de l'enceinte de l'abbaye : « *La Malgouverne*, c'est-à-dire le logis des domestiques (?), était adossée à la tour des Fromages ». (*Cluny, la Ville et l'Abbaye*, p. A. Penjon, 2e éd., 1884, in-8°, p. 67).

A Chalon l'*Abbaye des Enfants de Ville*, avec ses deux sections, les *Fils de Marchands* et les *Clercs de la Basoche*, était une institution qui, à certains points de vue, se rapprochait de l'*Abbaye de Maugouvert* de Mâcon, mais qui à d'autres s'en éloignait absolument. Voir dans les *Mémoires de la Société d'Histoire et d'Archéologie de Chalon-sur-Saône, années 1847-1849* (1850, in-4°) l'intéressant mémoire de M. Marcel Canat sur cette « corporation » (p. 135 et suiv.)

abbayes de Bongouvert, *abbayes de Maugouvert* (1), *de Malgouvert*, *de Margovert*, *de Malgouverne*.

Leur origine remonte vraisemblablement au moyen âge, mais c'est au XVIe siècle surtout qu'on les trouve en plein épanouissement.

A cette époque elles étaient tantôt temporaires, c'est-à-dire qu'elles s'organisaient en vue de circonstances déterminées, et tantôt permanentes, c'est-à-dire qu'elles fonctionnaient régulièrement et jouissaient de la vie civile. Elles étaient en général indépendantes les unes des autres et s'administraient à leur guise. A leur tête il y avait un *abbé*, son *lieutenant* ou un *enseigne* et un *sergent*. Les *religieux*, — *frères* et *sœurs* ou *suppôts*, — s'appelaient aussi *moines* et *moinettes*.

L'histoire de ces associations a déjà été écrite (2) et quelques extraits de la notice consacrée à l'une d'elles, celle de Pierrelatte (3), par exemple, nous renseigneront très exactement sur leur organisation, leur but et leur fonctionnement.

---

(1) Le *maugouvert* était le mauvais sujet, celui qui se gouvernait mal.

Tu as prins l'estat de taverne,
Où les enfans de maugouverne
Ont mangé tous leurs revenus.

(*Le plaisant Quaquet et Resjuyssance des femmes pour ce que leurs maris n'yvrongnent plus en la taverne*, *Poésies françaises des XVe et XVIe siècles*, 1855, in-12, t. VI, p. 186). — On faisait jadis aux filles qui vivent de leur corps un crime de leur conduite, et on les appelait « femmes de maulvais gouvernement et ayans maulvais nom ». Voici l'article qui les concerne dans les « ordonnances du Roy ordonnées en sa comté de Mascon, publiées annuellement (1613-1621) à la porte du Pont, du cousté de Bresse, la veille Sainct-Laurent :... L'on fait commandement à toutes femmes de maulvais gouvernement et ayans maulvais nom, dedans huit jours elles saillent hors des bonnes rues et aillent résider sur les fossés de la ville, sur peine de soixante solz parisis... » (Archives municipales, FF. art. 28, n° 73).

(2) Celles du Comtat ont été étudiées par M. Achard, archiviste de Vaucluse, dans l'*Annuaire administratif* de ce département pour 1869 (p. 50-73). Celles de la Provence ont fait l'objet d'un travail de M. O. Teissier, intitulé *Le Prince d'Amour et les Abbés de la Jeunesse*, 1891, in-8°. Voir aussi H. Vaschalde, *Recherches sur les anciennes corporations de la France méridionale*, 1873, in-8°.

(3) *L'Abbaye Joyeuse de Pierrelatte*, p. A. Rochas (s. d., in-8°).

« L'*abbaye Joyeuse* de Pierrelatte jouissait de deux privilèges (1)...

« Elle seule avait le droit d'organiser les fêtes (tirs à l'oiseau, feux de joie, plantations de mais, mascarades, cortèges, etc.), les bals, les cérémonies, en un mot toutes les réjouissances publiques (2)...

« Son deuxième privilège avait pour objet les charivaris et l'entrée ou la sortie des mariés, c'est-à-dire le droit de lever à son profit des contributions sur les mariages des veufs (3) et des forains (4)...

---

(1) *L'Abbaye Joyeuse de Pierrelatte*, p. 27.

(2) Id., p. 27 et suiv.

(3) « Autrefois les secondes noces étaient encore plus mal vues que de nos jours; on y attachait quelque chose de ridicule, et même de la réprobation si l'un des époux avait des enfants d'un premier lit. Les jurisconsultes disaient qu'il y avait *neglectus filiorum prioris copulæ et gravis præsumptio incontinentiæ*. Non seulement la législation les traitait très défavorablement, mais l'Eglise allait quelquefois jusqu'à leur refuser la bénédiction nuptiale; elle ne faisait que les tolérer, *quia melius est nubere quam uri*, selon la remarque de saint Paul. Comme sanction de ces sentiments, les veufs qui convolaient étaient livrés sans pitié à la juridiction des abbayes de Maugouvert. Elles leur infligeaient ce genre de concert appelé *charivari* où l'on peut voir tout à la fois une note d'infamie, une protestation de la conscience publique, une manière de venger la mémoire du conjoint prédécédé et d'apaiser ses mânes irrités. De toutes leurs attributions c'était la plus ancienne et la plus générale; aussi les a-t-on souvent désignées sous le nom d' « abbayes de Charivari ». A Pierrelatte, comme partout ailleurs, cette démonstration populaire avait le pouvoir de vexer énormément ceux qui en étaient l'objet. Les gens prudents et sages parvenaient à s'y soustraire en composant avec l'abbé... » (Id., p. 36-37).

(4) « Quand un jeune homme de Pierrelatte avait épousé une fille étrangère, l'abbé s'informait du jour précis où les deux époux devaient arriver; puis, avec une troupe d'élite, il allait les attendre sur la limite du territoire de la ville, en travers du chemin... Pour avoir la liberté de passer outre, le mari devait déposer sur une assiette un droit d'importation. Mais, s'il se montrait récalcitrant, on lui enlevait sa femme, même de force, et elle ne lui était rendue que moyennant rançon... Quand, au contraire, c'était un étranger qui épousait une fille de Pierrelatte, l'abbé faisait dresser des barrières à la porte de la ville où les mariés devaient passer pour se rendre chez eux. Arrivés là, on leur présentait l'assiette, et ils ne pouvaient sortir avant que le droit d'exportation ne fût acquitté... Cette contribution se percevait à l'amiable... » (Id., p. 39-40).

L'abbé pouvait en poursuivre le recouvrement en justice (1)...

« L'*abbé* était élu tous les ans, en public, à la pluralité des voix .. Les garçons seuls avaient le droit de suffrage... Le nouvel abbé prêtait serment sur l'Evangile de bien et fidèlement exercer son emploi et de maintenir intacts les droits et privilèges de la jeunesse, le tout selon l'usage du lieu (2)...

« Les deux autres dignitaires, le *lieutenant* et le *sergent*, étaient élus le premier jour, à huis clos, dans une réunion tenue au lieu ordinaire des séances de l'abbaye, dans une hôtellerie (3)...

« Quelques abbés avaient, pour les jours de cérémonie, des marques distinctives de leur dignité. A Romans, c'étaient une crosse, des vêtements pontificaux et divers ornements... A Pierrelatte, il avait deux sortes d'insignes : pour ses fonctions civiles, une grande canne à laquelle les sœurs attachaient une multitude de longs rubans de toutes couleurs; pour ses fonctions militaires, l'épée et des épaulettes en forme de trèfle... Dans les circonstances solennelles le lieutenant portait devant lui un drapeau rouge sur lequel étaient quelques dessins symboliques... Dans quelques abbayes de Provence les abbés portaient un rabat (4)...

« Le lieutenant recevait les ordres de l'abbé et les faisait exécuter, veillait aux détails matériels, tenait la caisse et la comptabilité, remplaçait l'abbé en de certaines expéditions nocturnes où celui-ci ne pouvait décemment paraître (5)...

« Le sergent était le valet de la troupe... A la différence de l'abbé et du lieutenant, il pouvait être maintenu en exercice pendant plusieurs années consécutives... C'était l'homme de la tradition. Ses deux principales fonctions consistaient à battre la

---

(1) *L'Abbaye Joyeuse de Pierrelatte*, p. 28 et 38.
(2) Id., p. 21.
(3) Id., p. 23.
(4) Id., p. 22-23.
(5) Id., p. 25.

caisse (1) en tête des cortèges et à convoquer les confrères (2)... »

Si ces gais religieux prélevaient parfois sur leur mense de quoi subventionner des institutions, des établissements ou des œuvres d'utilité publique, il est très certain qu'ils consacraient la plus grosse part de leurs ressources à faire bombance. Des délibérations prises dans des salles à manger, transformées pour la circonstance en salles de chapitre, dégénéraient facilement en scènes de désordre et de scandale. Aussi peu à peu les autorités furent-elles amenées à déclarer aux abbés de Maugouvert une guerre qui provoqua d'énergiques, mais inutiles résistances. Ils disparurent les uns après les autres à la fin du XVIIe siècle et au courant du XVIIIe. Le dernier, qui survécut jusqu'à la chute de l'ancien régime, fut vraisemblablement celui de la ville d'Aix au sujet duquel le parlement de Provence homologuait encore, le 24 mai 1783, un minutieux règlement (3).

---

(1) « Les proclamations de la municipalité avaient lieu à cri ou à trompe. Battre la caisse était un privilège de l'abbaye; nul ne pouvait faire usage du tambour sans la permission de l'abbé... » (*L'Abbaye Joyeuse de Pierrelatte*, p. 26).

(2) Id., p. 26.

(3) O. Teissier, ouv. cité, p. 56 et suiv.

VUE DE L'ANCIENNE RUE D'EGYPTE

(AUJOURD'HUI RUE DES GITES)

L'ABBAYE DE MAUGOUVERT

DE MACON

(1581-1625)

Un mandat de paiement ordonnancé par les échevins de Mâcon, le dimanche veille de Noël 1402, nous révèle l'existence, à cette époque, d'une société de jeunes gens, les *Compagnons du Charivari*, qui devait avoir le caractère qu'eut plus tard l'abbaye de Maugouvert. Elle venait, en effet, d'acheter, pour l'église paroissiale de Saint-Pierre, deux chapes qui furent bénites solennellement par l'évêque. Voici, au reste, ce document :

« De par les eschevins de la ville de Mascon. Pierre Boyer, dit *Fournier*, fermier du XVIe du vin qui se vent à destail en la dicte ville pour ung an commencié le XVIIIe jour de may derreniément passé, payés et délivrés à Pierre Baillet, procureur de la dicte ville, des deniers de la dicte ferme, la somme de cinq soulz tornoiz qu'il a payé à Robert Le Vavasseur, chambrier de révérent père en Dieu Monseigneur l'évesque de Mascon, pour son droit qui appartient audit chambrier de ce que ledit Monseigneur l'évesque a beneit le jour date de ces présentes deux chappes qui ont esté données par les *Compaignons du Charevari* à l'église parrochial de Saint-Pierre de Mascon, et pour, rapportant ces présentes, avec quictance dudit procureur, la dicte somme vous sera alloée en vous comptes et rabatue de la dicte ferme. Donné soubz noz seings manuelz, le dimenche veille de Noël l'an mil IIII^{c} et deux. Tabellion. F. Tyrant. Stephanus de Corcellis (1) ».

L'abbaye de Maugouvert est-elle issue de cette compagnie du Charivari ? A dire vrai, nous ne savons rien de ses origines et nous ignorerions même tout de son histoire si le lieutenant particulier au bailliage, Messire Claude Bernard, quand il écrivait en 1736 ses *Annales et Mémoires tirés des registres secrétariaux de l'hôtel-de-ville de Mâcon* (2), n'avait eu la bonne fortune de mettre la main sur seize documents originaux, allant de 1582 à 1596, qui étaient alors conservés dans les archives des de Meaux (3), dont un membre avait été précisément trésorier de l'abbaye de Maugouvert. Il est à remarquer, du reste, que quelques plaisantes qu'aient été les prérogatives et les obligations de l'abbé et de ses officiers, les titulaires de ces charges appartenaient toujours aux meilleures familles de la ville, les Bernard, les Bornier, les Boton, les Chevillard, les Gratier, les Guérin, les de Meaux, les Picolier, les de Pise, les de La Porte, les de La Roche.

Ces officiers ou « *suppôts* » de l'abbé étaient deux « *lieutenants* », un « *bailli* », un « *procureur général* » ou « procureur d'office », plusieurs « *conseillers* et superintendants des finances », ou « premiers conseillers, suffragants et conseillers », un « *receveur* » ou « receveur des deniers, trésorier général, trésorier de l'épargne », un « *greffier* », et plusieurs « *huissiers* ».

L'*abbé*, qui avait la haute main sur les affaires de la joyeuse communauté, était élu tous les ans, le jour du mardi gras, ensuite de proclamats faits aux

---

(1) Archives municipales, série GG, art. 97, n° 5.

(2) Archives départementales, série E.

(3) La famille de Meaux ou Demeaux, originaire de Villefranche (Rhône), vint se fixer dans le Mâconnais au XVIe siècle et y acquit successivement les fiéfs de Châtillon, des Chanaux, de Saint-Léger, de Marbé et de Fuissé. — M. le vicomte de Meaux, qui habite le château d'Ecotay, près Montbrison (Loire), a bien voulu nous faire savoir que ces documents ne se trouvaient pas dans ses papiers de famille.

carrefours des rues (1), par l'assemblée des jeunes gens de la ville et à la pluralité des voix des votants. C'est un de La Porte qui fut choisi en 1582, 1584 et 1587, pour coiffer la mître et tenir la crosse. Nous ne pensons pas qu'il ait provoqué la crise de 1583 au cours de laquelle le procureur général fut amené, dans une réunion capitulaire, à demander « pour autant qu'il estoit notoire que la justice et choses dépendantes de l'abbaye restoient à négotier par la négligence de l'abbé esleu et incapacité d'iceluy, qu'il fust ajourné à comparoir par-devant les officiers d'icelle abbaye à celle fin de luy estre fait droit sur ce qu'il aura à requérir sur icelle... » Les « lieutenants et premiers conseillers » adoptèrent, d'ailleurs, ces conclusions et « décrétèrent adjournement personnel contre ledict seigneur abbé à comparoir au jeu de l'Arc à gelet (2), le lendemain fête de Pentecôte, pour ester à droit et répondre aux conclusions dudict procureur général... Lequel adjournement, disaient lesdits lieutenants et premiers conseillers, sera exécuté par le premier huissier de ladicte abbaye, auquel mandons ainsi le faire... » Les autres abbés que nous trouvons ensuite sont un Bornier (1591-1592) et un Picolier (1596).

Les *lieutenants*, qui, à l'occasion suppléaient l'abbé, étaient, en 1583, J. Bernard et de La Roche.

Le *bailli* exerçait la juridiction de l'abbé à qui appartenait la police des réjouissances populaires et des divertissements publics.

Le *procureur général* qui remplissait auprès de ce bailli les fonctions du ministère public, a été un sieur Guérin de 1582 à 1596.

Les *conseillers* assistaient l'abbé. Nous en connaissons quelques-uns : V. Bernard (1582, 1587 et 1596),

(1) Nous sommes heureux de pouvoir accompagner cette notice d'une vue de l'ancienne rue d'Egypte, aujourd'hui rue des Gîtes, modifiée par le percement de la rue de Strasbourg. Cette planche qui donne la physionomie d'un des coins les plus pittoresques du Mâcon démoli, est la reproduction d'un très intéressant dessin de M. J. Perret, exposé dans la galerie locale de notre Musée.

(2) L'Arc à jalet.

Gratier (1582), de Pise (1583), Boton (1583 et 1587), N. Bernard (1587 et 1588), Chevillard (1596).

Jacques de Meaux a été *receveur* de 1582 à 1596. Il acquittait les dépenses sur mandat de l'abbé ou de ses lieutenants et encaissait les recettes. Celles-ci se composaient presque uniquement du produit du droit dit de *folvielle* ou des *folles vieilles* que l'abbaye percevait dans les cas de *remariages* soit de l'un, soit de l'autre des époux. Ce droit n'était pas fixe comme dans certaines villes du midi de la France : en effet, nous voyons d'une part Noël Dumont « s'accorder » avec l'abbé, en 1584, pour la somme de 4 écus, « à cause qu'estant veuf il a épousé une femme aussi veuve », tandis que, d'autre part, en 1588, Me Abel Guérin paie 10 écus pour avoir convolé en secondes noces avec demoiselle Etiennette Froment.

Le *greffier*, outre qu'il rédigeait les minutes, assurait l'exécution des proclamats. Henri de La Roche l'était en 1591 et 1593.

Les *huissiers* étaient chargés de signifier les actes de procédure et de mettre à exécution les jugements.

L'abbaye authentiquait ses actes à l'aide d'un sceau sur lequel figurait un « double jambon (1) ».

L'auteur d'une fantaisie romanesque intitulée *Le dernier Abbé de Maugouvert* (2) a donné sans raison pour cadre à son récit la maison de bois de la place aux Herbes. Nous ignorons en réalité où les plaisants religieux tenaient leurs gais chapitres.

Les proclamats faits annuellement dans tous les carrefours pour l'élection de l'abbé coûtaient gros, car nous en voyons les frais monter à 4 écus en 1591.

Mais la plus grande partie de ses ressources, il faut bien le dire à l'honneur de cette abbaye d'un genre peu ordinaire, elle les employait sagement à

(1) Désireux de reproduire ce sceau, nous avons dû faire appel à l'imagination d'un jeune dessinateur de talent, M. C. Pierre. Nos lecteurs verront avec plaisir l'ingénieux et élégant croquis dans lequel l'artiste a tenté, avec succès, cette reconstitution d'un document sigillographique aujourd'hui perdu.

(2) *Album de Saône-et-Loire*, 1840, in-4°, t. I, p. 83 et suiv.

subventionner des sociétés locales, à régaler les soldats appelés pour défendre la ville, à augmenter l'éclat des réjouissances publiques, à soutenir des œuvres de bienfaisance et de charité.

Ainsi les chevaliers de l'Arc à jalet, qui depuis deux ans avaient commencé à « construire un jeu pour leur exercice », s'étant trouvés en 1583 à court de plus de 20 écus, recoururent « aux bénignes grâces de la largesse et accoutumée libéralité » de l'abbé et de ses conseillers. L'Arc à jalet était « une décoration de la ville, et exercice honnête de toute la jeunesse ». L'abbé, de l'avis de ses suppôts, lui accorda 12 écus, en retour desquels les chevaliers s'engagèrent à « prier Dieu pour sa prospérité, grandeur et *heureux mariage*, aussi pour la manutention de son conseil ». En 1584 l'Arc à jalet reçut encore 4 écus pour lui permettre de payer les « frais de la couverture de l'entrée de son jeu ».

Déjà en 1582 les chevaliers de l'Arquebuse avaient obtenu 12 écus pour « parfaire le bâtiment qu'ils avoient fait construire », attendu que « cette maison pouvoit apporter commodité aux suppôts de l'abbaye, à la postérité, et présentement aux habitants de la ville ».

En 1596 l'abbé Picolier alloua aussi aux chevaliers de l'Arbalète 16 écus pour les aider à organiser le « grand prix auquel ils destinoient d'employer 100 écus » et à mettre, en vue de ce concours, « leur jeu à couvert du soleil et de la pluye ».

Le capitaine Paradis, enseigne du sieur de Marbé, capitaine de la ville de Mâcon, toucha en deux fois 30 écus 1/2 qui devaient être « employés au payement des soldats de Lyon prins pour le service de la ville » (1587-1588).

Quand le duc de Mayenne, gouverneur de la province, passa à Mâcon, en 1587, les habitants lui préparèrent une « entrée ». Mais on était pauvre : on venait de traverser les années funestes des guerres de religion. L'abbaye décida « de grâce spéciale, attendu la nécessité des affaires présentes de la ville et sans tirer à conséquence », de contribuer pour 13 écus, 4 sous et 6 deniers aux dépenses engagées, et cette somme fut payée au sieur Bugnon, l'un des échevins et receveur des deniers communs.

Enfin l'abbé Bornier accorda, en 1592, aux cordeliers, dont le couvent et l'église étaient en ruines, 6 livres pour les aider à bâtir « un oratoire où ils pussent faire le service divin ».

L'abbé, nous l'avons dit, exerçait sa juridiction par l'intermédiaire d'un bailli. Il introduisit, le 15 avril 1581, à l'audience du bailliage royal, un déclinatoire d'incompétence dans une affaire de « bapture » entre Benoît Pelletier, de Villefranche, et Aurélie Salla (1), femme de Barthélemy Chambelloti, venue de Lyon avec une troupe « pour jouer des commédyes à la manière ancienne ». Benoît Pelletier et Aurélie Salla s'étaient jadis séparés « par contract receu par-devant notaire, quoy n'obstant ledict Pelletier, usant de force, vouloit ravoir ladicte Aureille, commectant en ce ung rapt et viol ». Les magistrats, passant outre et se déclarant justement saisis, condamnèrent les artistes à « vuider la ville », c'est-à-dire à s'aller faire pendre ailleurs, et Pelletier à cesser « de les suyvre à la part où ils tireroient (2) ».

Nos bons bourgeois de pères n'avaient pas tardé à voir dans cette burlesque institution de l'abbaye de Maugouvert un danger pour la sécurité publique, et le lieutenant général du bailliage, cédant à leurs instances, rendit, en 1625, l'ordonnance suivante que nous nous permettrions de taxer de *sévère*, car elle édictait la *peine de mort* contre les délinquants, si le gros mot de *meurtres* n'y était prononcé :

« De par le Roy et Nous, Hugues Foillard, conseiller du Roy, lieutenant général au bailliage de Masconnois, prévost et juge royal de la ville de Mascon. Sur la remonstrance à nous faicte par le procureur du Roy audict bailliage et prévosté que bien que par diverses nos ordonnances fondées sur les arrestz de la Court, mesmes par une du

(1) *Alias* de Sallès.
(2) Archives départementales, série B, art. 869.

vingt-cinquiesme janvier dernier, très expresses inhibitions et deffenses ayent esté faictes à toutes personnes de ceste ville de quelque qualité qu'elles soient de s'assembler pour procedder à l'eslection et nomination du soi-disant abbé de Malgouvert, à cause des diverses plaintes faictes par les eschevins et procureur scindic et principaux bourgeois de ladicte ville, que la pluspart des scandales, querelles, séditions et mesmes des meurtres advenus en ceste dicte ville, despuis quelques années, sont proceddez des licences et desbordemens des jeunes gens, s'authorisans dudict abbé et se disans officiers et suppostz de l'abbaye, ce néanmoins aucuns desdictz jeunes gens et autres libertins et téméraires se vantent ouvertement de faire leur assemblée au premier jour, nonobstant le temps de caresme et nos dictes deffenses authorisées de celles de la Court, et se promettent de nommer un abbé pour chef et protecteur de leurs desbauches et libertinages et de se treuver en place masquez et deguisez, avec force, pour empescher le cours de justice, requérant ledict procureur du Roy luy estre pourveu, ensemble estre faictes deffenses réitérées à toutes personnes, d'aller la nuict avec armes et sans lumière, comme aussy de réitérer les charivaries et assemblées et licences illicites avec bruictz, clameurs, tambours et effrois nocturnes : Nous, lieutenant général et prévost susdict, avons faict et faisons autres, nouvelles et réitérées deffenses à toutes personnes de s'assembler pour la création dudict abbé, soit de jour ou de nuict, en habit ordinaire ou déguisé, à pied ou à cheval, à peyne que les contrevenans seront tenus et réputez pour séditieux et perturbateurs du repos public ; avons aussy faict deffenses d'en prendre et accepter le nom et qualité, et en faire les functions, *à peyne de la vie*, disans et ordonans que ladicte qualité d'abbé de Malgouvert sera cy après tenue et réputée pour infâme et portant tasche et notte d'infamie envers la postérité à tous ceux qui en seroient de nouveau pourveuz; deffendons à toutes personnes de s'en dire d'icy en avant suppostz ou officiers et d'en faire les functions *soubz mesme peyne*, mesmes de faire charivaries soubz prétexte de remariages des femmes, d'en tirer ny exiger aucuns droictz et d'en composer, le tout à peyne de punition corporelle ; sont aussy faictes deffenses à toutes personnes de se masquer et desguiser en caresme, de jour ou de nuict, d'aller la nuict sans lumière et de porter armes, soubz peyne de prison ; et pour autant que pour l'exécution de nostre présente ordonance et obéissance aux arrestz de la Court, nous pourrions avoir besoing d'assistance et mainforte, les sieurs eschevins et cappitaines de la présente ville sont requis en cas de contravention de nous aider et assister de leur pouvoir, enjoignant à tous sergens de se saisir des contrevenans et iceux rendre aux prisons, pour leur estre faict et parfaict leur procez, à peyne, contre lesdictz sergens connivans et faisans reffus de nous obéir, de suspension de leurs charges, et autres plus grandes, le tout nonobstant oppositions ou appellations quelconques et sans préjudice d'icelles. Et sera nostre présente ordonnance leue et publiée par tous les carrefours à son de tambour et affichée aux places publiques (1) ».

Le jeudi 13 février 1625, à onze heures du matin, le commis-greffier en la prévôté et justice royale de Mâcon, fit à la Cour au Prévôt (2), au Pont (3) et à la Grande Boucherie (4) les proclamats prescrits. Mais les religieux de la bouffonne abbaye ne se tinrent pas encore pour battus. Trois jours après, le dimanche 16 février, ils provoquèrent de nouvelles « deffenses, de par le Roy, à toutes personnes de procéder à l'eslection dudit abbé, duquel dérivent tous les autres désordres ; deffenses aussy de s'assembler et promener par la ville à cheval, mesmes en habit ordinaire, soit soubz prétexte de la création dudict abbé ou autre quelconque, et de prester ou louer chevaux, le tout aux peynes portées par nos

(1) Archives départementales, série B, art. 1642, n° 2.
(2) Angle des rues Lamartine, de la Barre, Sigorgne et Philibert-Laguiche.
(3) Angle de la rue du Pont et des quais Nord et Sud.
(4) Angle de la place aux Herbes et des rues Franklin et Dombey.

précédentes deffenses, et autres plus grandes, mesmes de confiscation des chevaux qui seront ainsy prestez ou louez et de l'amande de cent livres contre les contrevenans, le tout comme devant (1) ».

Enfin, le 19 novembre de la même année, dernière tentative d' « aucuns insolens et réfractaires » ; dernière ordonnance du prévôt et juge royal : « Sur l'advis qui nous a esté donné qu'en ceste dite ville puis quelques jours il s'estoit fait ung amas et troupe de nombre de gens desbauchez, mariez et non mariez, lesquelz se faisoient nommer *la Troupe Joieuse*, s'estans donnez ung chef qu'ilz appellent *le Prince*, portans certaines livrées en leurs chapeaux, affin d'estre recognus, et commettent infinies desbauches indignes, le jour et la nuit, ès cabaretz, tavernes et maisons particulières, où ilz mènent et font trouver des filles de joye et fames impudiques, passent les nuitz avec elles, dont pourroit arriver quelques meurtres et autres accidens, s'il ni estoit pourveu : pour quoy nous avons fait très expresses inhibitions et deffences à toutes personnes de faire assemblée soubz quelque prétexte que puisse estre, marcher la nuit par la ville, sans lumière, porter espées et autres armes, aller ès tavernes et cabaretz la nuit close, à tous hostes et cabaretiers donner à boyre la nuit à ceulx de la ville, les loger et donner retraite, ny de retirer en leurs maisons filles et fames incognues, mal famées et de mauvaise vie, le tout à peyne aux ungs et aux autres d'estre expulsez de la ville comme perturbateurs du repos et bien public, et plus grande peyne, s'il y eschet, en cas de contravention (2) ».

Ce dut être le coup de grâce de la plaisante institution, dont nous ne trouvons plus ensuite aucune trace dans les archives et dont le souvenir seul — mais combien effacé ! — subsisterait aujourd'hui, si la jeunesse de nos faubourgs n'avait conservé l'habitude de saluer encore par de bruyants charivaris les mariages qui prêtent à la critique ou à la raillerie.

(1) Archives départementales, série B, art. 1642, n° 2.
(2) Id., ibid.

ACTES DE L'ABBAYE DE MAUGOUVERT

(1582-1596)

« *Je ne sçaurois mieux faire concevoir la forme, le gouvernement et les droits de cette ridicule abbaye, que par la copie de quelques-unes des 16 pièces, tirées des titres de la famille de M*[rs] *de Meaux, dont les originaux sont entre mes mains. Je ne copierai que celles qui peuvent avoir entre elles quelque peu de différence, et qui donneront un plus grand éclaircissement des faits.*

I. — 1582.

« *La première est une requête en partie rongée des souris, présentée par les chevaliers du jeu de l'Arquebuse, tendante à avoir quelque somme pour parfaire le bâtiment qu'ils ont fait construire ; à la marge de laquelle est écrit :*

« Soit communiqué au procureur général de « l'abbaye pour, luy ouï, ordonné ce que de raison. « A Mâcon, le 23 avril 1582. *Signé* : Delaporte. »

« *Après sont les conclusions suivantes :*

« Le procureur général de l'abbaye, veu la présente « et que les deniers requis par les suppliants ne sont « que pour employer à la construction d'une maison, « laquelle pourra apporter commodité aux supôts de « l'abbaye, à la postérité, et présentement aux habi- « tants de la ville, est d'avis que des deniers de lad. « abbaye, il soit donné la somme de douze écus « soleil, et icelle mise entre les mains de ceux qui

« sont ordonnés à la construction d'icelle. Fait à « Mâcon, le 24 avril 1582. *Signé* : Guérin. »
« *Ensuite cette ordonnance est écrite :*

« Par les justes et louables conseils portés en « lad. requête, et veu l'avancement fait au bâtiment « du jeu de l'Arquebuse, nous avons ordonné la « somme de douze écus pour ayder à achever ledit « bâtiment, lesquels seront prins des deniers de « l'abbaye, mandé pour ce à Monsr De Meaulx, rece- « veur d'icelle abbaye, de fournir entre les mains « dud. Quinson des deniers de sa recepte lad. « somme de douze écus, laquelle rapportant, *etc.* « *Signé* : De la Porte, V. Bernard, Gratier. »
« *Au bas est la quittance dud. Quinson.*

II. — 1583.

« *Autre requête justificative des qualités de cet abbé.*

« A Monseigneur, Monseigneur le révérend abbé « de Maugouvert, ou Monsieur son lieutenant, et à « Messieurs de son Conseil.

« Supplient humblement les nobles chevaliers de « l'Arc à gelay que comme dès deux ans en çà ils « auroient commencé de construire un jeu pour « l'exercice desd. chevaliers, et qui s'estant cottisés « entre eux pour accommoder led. jeu, ils se seroient « trouvés courts de plus de vint écus, et ne voyant « plus propre expédient que de recourir aux bénignes « grâces de votre largesse et accoutumée libéralité, « il vous plaise ordonner que des deniers de votre « ditte abbaye sera levé la somme de douze écus « pour ayder à parfaire l'œuvre encommencé, « attendu que lesd. deniers ne pourroient estre mieux « employés qu'en cela, qui est une décoration de la « ville et exercice honnête de toute la jeunesse ; ce « faisant, lesd. chevaliers prieront Dieu pour votre « prospérité, grandeur, et heureux mariage, aussi « pour la manutention de votre Conseil. *Signé* : De « La Porte, Foillard, Bonet, Jean de Brye, Z. Tanvolt, « J. Vignes, Symon Rosson, Gratier, Louis Dubois, « C. Lorrin, J. Ponnard, Dubief, Mathoud, Lar-

« merat, Benoît Duchassain, Noblet, Chevillard, *et* « Desroche. »

« Soit communiqué au procureur d'office pour, luy « ouï, ordonné ce que de raison. A Mascon, ce « 13 may 1583. *Signé* : J. Bernard, lieu^t. »

« Le procureur général de l'abbaye consent que « lad. somme de douze écus soit délivrée par « Monsr De Meaulx, trésorier de lad. abbaye, entre « les mains de Me Louys Girard, charpentier, pour « les employer aux fins contenues en lad. requête : « et néaulmoins pour autant qu'il est notoire que la « justice et choses dépendantes de lad. abbaye « restent à négotier par la négligence de l'abbé « esleu, et incapacité d'iceluy, requiert qu'il soit « ajourné à comparoir pardevant les officiers d'icelle « à celle fin de luy estre fait droit sur ce qu'il aura à « requérir sur icelle. Fait le 13 may 1583. *Signé* : « Guérin. »

« Nous soussignés, lieutenants et premiers con- « seillers en lad^te abbaye, en l'absence du sg^r abbé, « veu le consentement du procureur général en « icelle, ordonnons que la somme de dix écus sera « délivrée par Monsr De Meaulx, trésorier, à Me Louys « Girard, charpentier, pour estre employé au fait « contenu en lad. requête, laquelle somme luy sera « allouée, rapportant ces présentes, à la reddition de « ses comptes. Et faisant droit aux réquisitions dud. « procureur général, nous avons décrété adjourne- « ment personnel contre led. sg^r abbé à comparoir « aud. jeu de l'Arc à gelet le lendemain féte de « Pentecôte, pour ester à droit et répondre aux con- « clusions dud. procureur général ; lequel sera « exécuté par le premier huissier de lad. abbaye, « auquel mandons ainsi le faire. A Mascon, ce « 13 may 1583. *Signé* : J. Bernard, lieu^t, De La Roche, « lieutenant, de Pise, conseiller, Boton, conseiller. »

III. — 1584.

« *Autre requête justificative des droits de cette abbaye.*

« *Elle fut présentée par les mêmes chevaliers,* « *adressée* à « Monsieur, Monsieur le révérend abbé

« de l'abbaye de Maulgouvert et en son absence à « Messieurs les souffragants et conseillers d'icelle », *pour obtenir quelque somme pour fournir aux frais de la couverture de l'entrée de leur jeu, à prendre sur le sieur Noël Dumont, qui s'est accordé à 4 écus pour les droits de lad. abbaye, à cause qu'estant veuf, il a épousé une femme aussi veuve.* « *Signé*: J. Rousset, F. Rossay « [ou] Roussay, Mothion, Bornier, M. Deschamps. »

« *Sur laquelle intervint l'ordonnance suivante* :

« Le s^r Noël Dumont payera au receveur général « de notre abbaye les 4 écus par luy accordés pour « le droit d'icelle, tant de son second mariage que « celuy de sa femme, par les mains duquel receveur « seront lesd. deniers promptement remis ez mains « des suppliants, pour estre employés par eux ez « réparations portées par la présente requête. Donné « à Mâcon, sous le notre séel du double jambon « ordinaire de notre abbaye, le 2 juin 1584. *Signé* : « De La Porte, abbé de Margovert. »

« La quittance est ensuite.

IV. — 1587.

« *D'autres fois l'abbé et ses conseillers tiroient des « mandats sur le receveur dans cette forme singu- « lière.*

« De par l'abbé de Malgovert et ses conseillers et « superintendants des finances de ladite abbaye ;

« Vous, s^r Jacques Demeauix, trésorier de notre « épargne, baillé et délivré des deniers de lad. « épargne au capitaine Paradis la somme de vingt « écus sol pour estre employée au payement des « soldats de Lyon prins pour le service de cette « ville, et rapportant cette, avec quittance dud. capi- « taine Paradis, vous sera allouée lad. somme sur « vos comptes desd. deniers, et pour assurance de « ce, avons signé cette aud. Mâcon, ce 23 janvier « 1587. *Signé* : De La Porte, Boton, Guérin, V. Ber- « nard, N. Bernard. »

V. — 1587.

« *Autre mandat, aussi singulier, en payement des*

« *frais faits à l'entrée de Mr le Duc de Mayenne,* « *suivant les parties qui en furent présentées.*

« Trésorier général de notre abbaye de Maulgou- « vert, payé et délivré comptant au sr Bugnon, l'un « des échevins et receveur des deniers communs de « la ville de Mascon, la somme de treize écus, quatre « sols, six deniers, que nous luy avons ordonné par « avis des principaux de notre Conseil pour rem- « boursemement des parties sus écrites. Rapportant « la présente avec quittance d'iceluy Bugnon, ladite « somme vous sera allouée en la reddition de vos « comptes, estant lad. somme dessus mentionnée « par nous ordonnée de grâce spéciale, attendu la « nécessité des affaires présentes de lad. ville, et « sans tirer à conséquence. Fait à Mascon, ce 12 « septembre 1587. *Signé* : De La Porte, N. Bernard, « Guérin. »

VI. — 1588.

« *Autre qui énonce les droits de cette abbaye.*

« Trésorier de notre épargne, Me Jacques De- « meaulx, vous mandons payer des plus clairs « deniers du revenu de notre abbaye de Maugou- « vert au capitaine Paradis, enseigne du sr de Marbé, « capitaine de la ville de Mascon, la somme de vint « écus sol, sçavoir dix écus provenant du droit « de folvielle, à nous échu par la convolation « en secondes nopces de Me Abel Guérin avec « damlle Etiennette Froment, et dix écus et demi « que Me Jean Noblet, aussi par notre ordonnance, « a fourni aud. Paradis, rapportant quittance duquel « au pied de la présente, lad. somme de vint écus « et demi sera allouée en la reddition de vos « comptes. Fait à Mascon, ce 4 may 1588. *Signé :* « Guérin *et* N. Bernard »

VII. — 1591.

« *Le 28 février 1591, le sr Bornier, abbé, accorda à De La Roche, greffier de l'abbaye, sur sa requête, 4 écus pour les frais des proclamats dans tous les carrefours de la ville pour l'élection à faire d'un nouvel abbe.*

VIII. — 1592.

« *Le 16 juillet 1592, le même abbé Bornier accorda 6 écus sol aux cordeliers, sur leur requête expositive de la ruine de leur couvent et église, pour leur ayder à construire un oratoire où ils pussent faire le service divin.*

IX. — 1593.

« *Le 18 février 1593, mandat fut tiré sur le receveur de l'abbaye au proffit d'Henry De La Roche, greffier d'icelle, pour fournir aux frais des proclamats pour l'élection d'un abbé, qui se fera à la pluralité des voix aud. jour de carême entrant prochain.*

X. — 1596.

« *Les chevaliers de l'Arquebuse ayant pris dessein de proposer aux chevaliers des villes voisines un grand prix auquel ils destinoient d'employer 100 écus, demandèrent par requête qu'il leur fût aidé de quelque somme pour mettre à couvert leur jeu du soleil et de la pluye. Intervint l'ordonnance suivante :*

« Veu la présente requête et attendu que cela « regarde le général de la ville, est mandé à « Monsr Demeaulx, receveur des deniers de notre « abbaye, de délivrer aux suppliants entre les mains « du procureur qui a signé lad. requête la somme de « seize écus pour estre employée au fait contenu en « lad. requête, et retirera led. s[r] Demeaulx la pré- « sente acquitée au pied dud. Rosson desd. seize « écus pour luy servir de décharge de lad. somme en « ses comptes. A Mascon, ce dernier aoust 1596. « *Signé* : Picolier, l'abbé; V. Bernard, Guérin, pro- « cureur général, *et* Chevillard (1). »

(1) Archives départementales, série E. *Annales et Mémoires pour servir à l'histoire de la ville de Mâcon*, fol. 412-414.

www.ingramcontent.com/pod-product-compliance
Ingram Content Group UK Ltd.
Pitfield, Milton Keynes, MK11 3LW, UK
UKHW020445220726
13923UKWH00005B/2347

9 782019 224875